冊

な美ボディメイク

ラクレス・ワークアウト

〈編著〉
ホットスリムスタジオ
塚原祥子

梓書院

“ラク”して“レス”するワークアウト
「ラグレス・ワークアウト」で理想の美ボディを

女性専門ダイエットジムを全国で展開するホットスリムスタジオは、「楽して、早く、痩せる」をモットーに、無駄な勧誘や高額コース、キツイ食事制限をなくし、通いやすいコース内容とリーズナブルな価格設定で様々な方たちのダイエットをサポートしてきました。

勧誘をしないこと、無理なく通えること、そしてなにより「結果が出ること」が今日まで多くの方から支持され続けている理由だと思っています。

YouTubeでは200本以上のトレーニングメニューを公開しており、スタジオでもお客様のお悩みや目的にあわせて様々なメニューを提供していますが、本書では誰でも気軽に、簡単に効果を実感していただきたいと思い厳選した20種のメニューを紹介しています。

ホットスリムスタジオが自信を持っておすすめする「楽して、早く、痩せる」ための、厳選20種のラグレス・ワークアウトで、理想の「美ボディ」を手に入れましょう!

〈もくじ〉

ラグレスワークアウト
インストラクター

塚原祥子

SHOKO TSUKAHARA

Familia Academy主宰。カシーノ(キューバペアダンス)講師。
2018年「BEST BODY JAPAN」福岡大会ウーマンズクラスグランプリ受賞。
2000年に初めて訪れたキューバで、そこに住む人々のエネルギーに魅了される。日本の「作法、礼節、おもてなし」の文化に、ラテンの「人生を楽しむ、男女の素敵なコミュニケーション術」を取り入れた、バランスの取れた素敵な社会を目指して活動中。

〈本書の使い方〉

**「むね」「おなか」「せなか」「あし」「お尻」の5つの部位別に、
それぞれ4種類のワークアウトを厳選して紹介しています。**

気になる部位のメニューを集中的に取り組んでもいいですし、さまざまな部位を組み合わせて行ってもOK!「どんなメニューを組んでいいかわからない」という方のために、組み合わせトレーニングメニューもご紹介していますので(55ページ〜)、ご自分にあったメニューと強度で無理なく続けていきましょう!

初級、中級、上級と、自分の筋力や体力にあったレベルで行いましょう。慣れてきたら、次のレベルにチャレンジ!

所要時間の目安です。セット間の休憩時間は30秒以内がおすすめ。

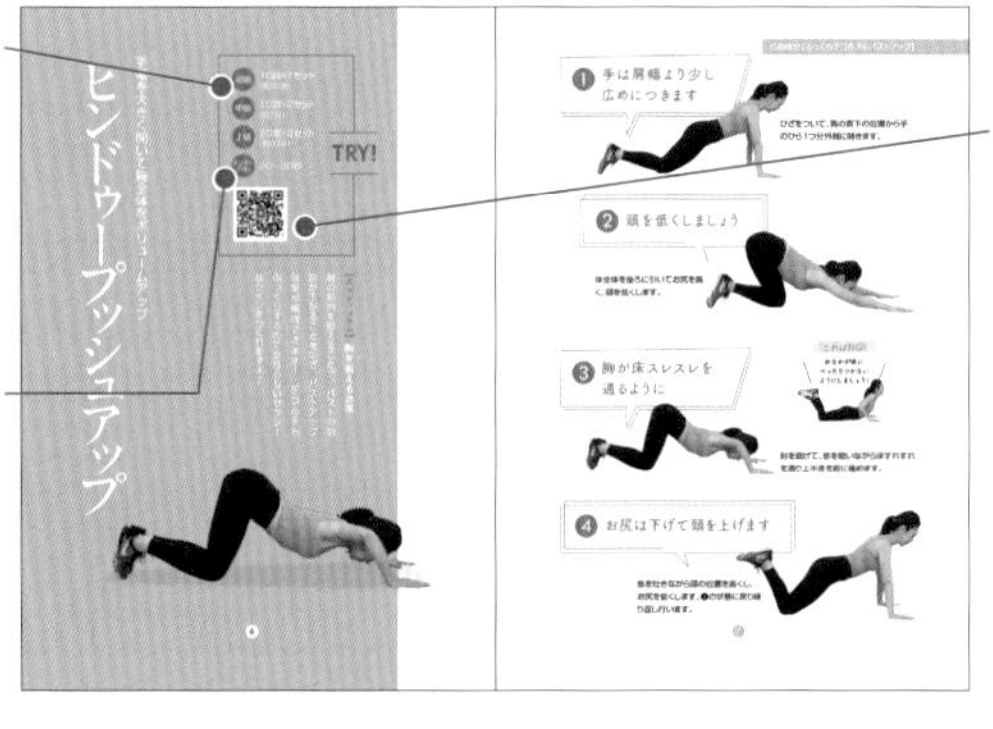

YouTube動画では音楽にあわせてワークアウトを紹介しています。一緒にチャレンジしてみましょう!

むね痩せ4種

【ふっくらデコルテ&バストアップ】

● ヒンドゥープッシュアップ

● プッシュアップアームリーチ

● サイドプッシュアップ

● リバースハンドプッシュアップ

ヒンドゥープッシュアップ

手幅を大きく開いて胸全体をボリュームアップ

TRY!

初級	10回×1セット
中級	10回×2セット
上級	20回×2セット
所要時間	約2分

【美ボディコラム】**胸を鍛える効果**

胸の筋肉を鍛えることで、バストの脂肪が下がることを防ぎ、バストアップ効果が期待できます！　デコルテもふっくらするので女性らしいセクシーなラインをつくれますよ♪

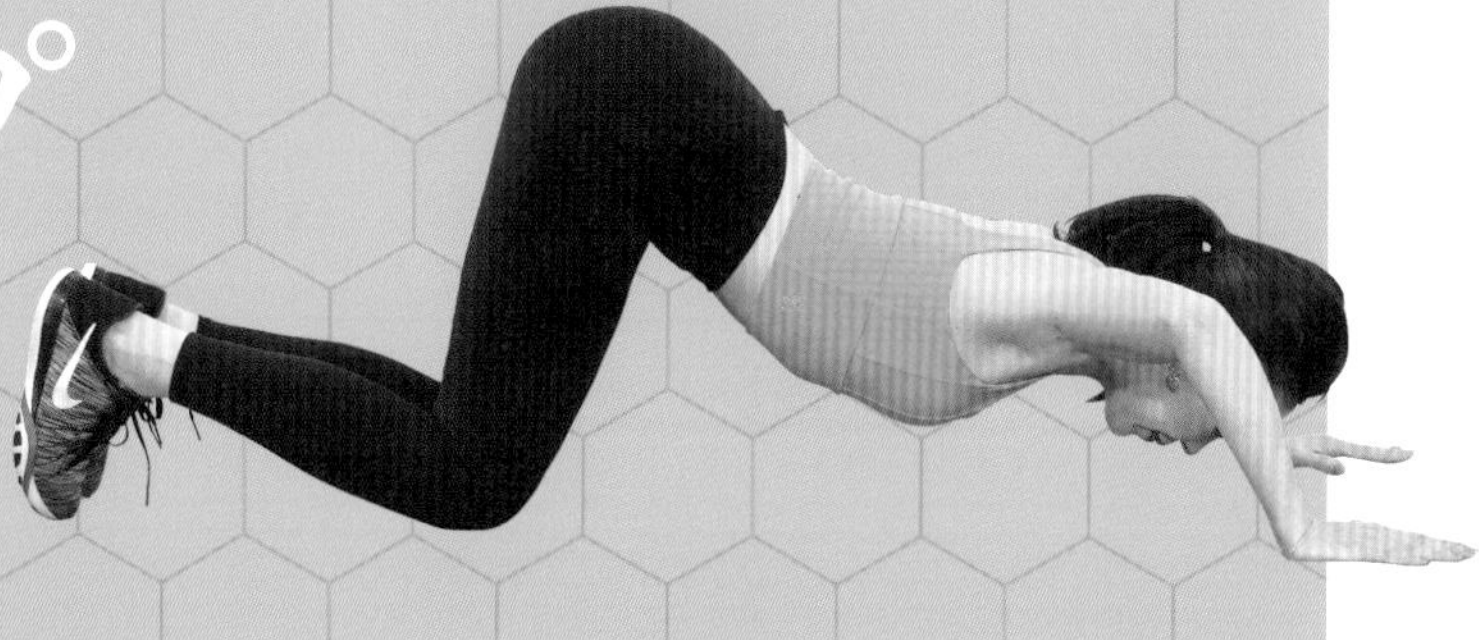

① 手は肩幅より少し広めにつきます

膝をついて、肩の真下の位置から手のひら1つ分外側に開きます。

② 頭を低くしましょう

体全体を後ろに引いてお尻を高く、頭を低くします。

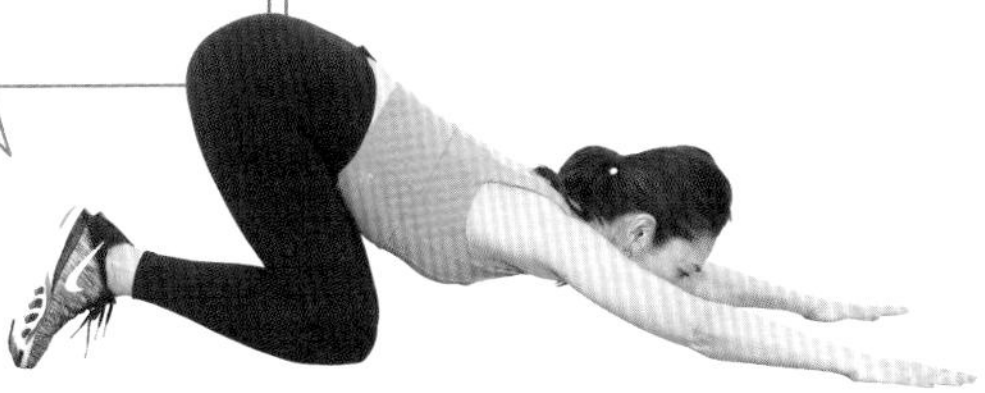

③ 胸が床スレスレを通るように

これはNG!

おなかが床にべったりつかないようにしましょう!

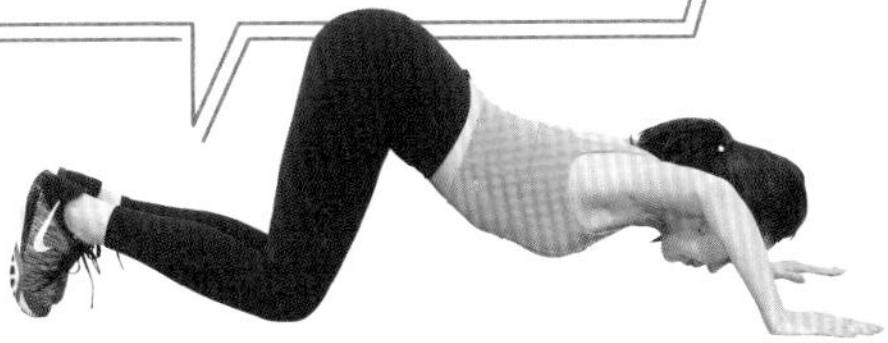

肘を曲げて、息を吸いながら床すれすれを通り上半身を前に進めます。

④ お尻は下げて頭を上げます

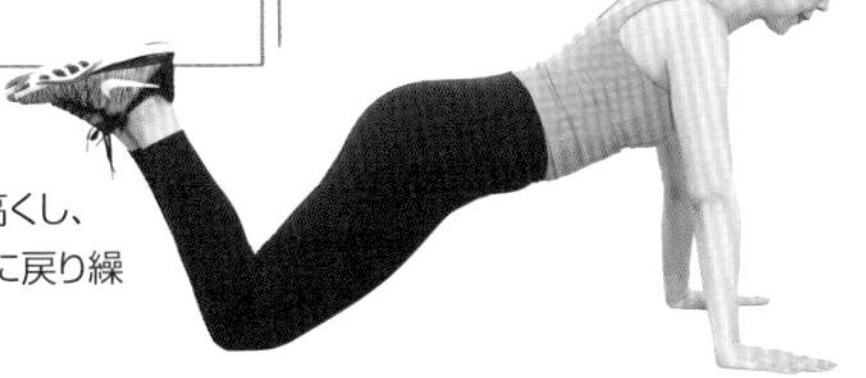

息を吐きながら頭の位置を高くし、お尻を低くします。❷の状態に戻り繰り返し行います。

不安定なポーズで体幹を強くする

プッシュアップアームリーチ

TRY!

- 初級　10回×1セット
- 中級　10回×2セット
- 上級　20回×2セット
- 所要時間　約3分

【美ボディコラム】**体幹とは**

体幹とは腕や足を除いた胴体の部分。特にインナーマッスルと呼ばれる深層の筋肉が関係しています。インナーマッスルを強化することで体の歪みを整え、ボディバランスを良くします。

1 手は肩幅より少し広めにつきます

ひざをついて、肩の真下の位置から手のひら1つ分外側に開きます。

2 肘を曲げて上半身を下ろします

肘を外側に曲げ、息を吸いながら上半身を下ろせるところまで下ろします。

3 右腕を肩の高さまで上げます

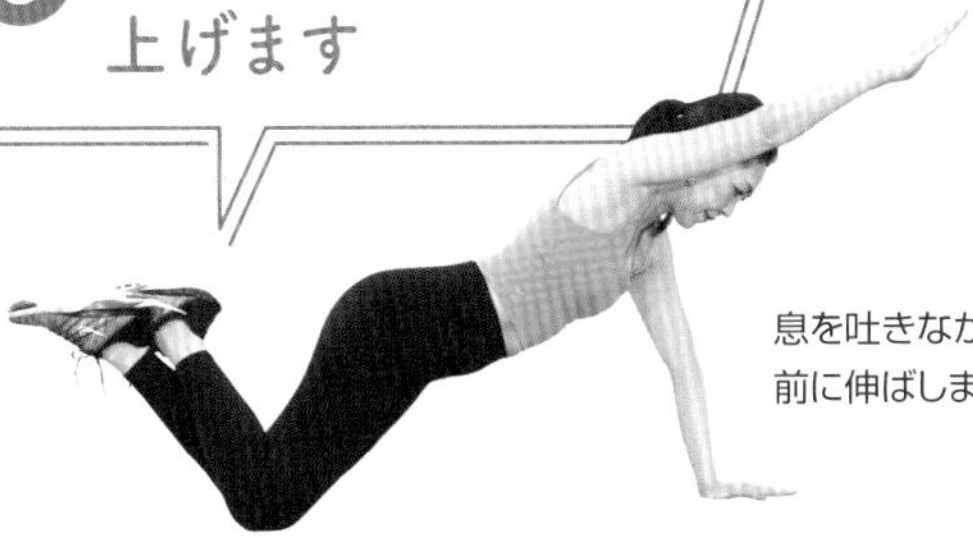

これはNG!

手を前に伸ばすときに
腰が引けて
しまわないように

息を吐きながら体を起こしたら、右手を前に伸ばします。

4 左腕を肩の高さまで上げます

2の動作を行った後、左手を前に伸ばします。
以降❷〜❹を繰り返し行います。

片方ずつやるからバストを意識しやすい

サイドプッシュアップ

TRY!

初級 10回×1セット

中級 10回×2セット

上級 20回×2セット

所要時間 約4分

【美ボディコラム】**体重と見た目**

同じ体重でも見た目が全く違う人を見たことはありませんか？ 実はそれ、筋肉量と脂肪量の違いが原因なんです！ 同じ重さの場合、筋肉に比べて脂肪の方が体積が大きくなります。なので、同じ体重でも見た目が細く引き締まっている方は筋肉量が多いということなんです。

1 横向きになります

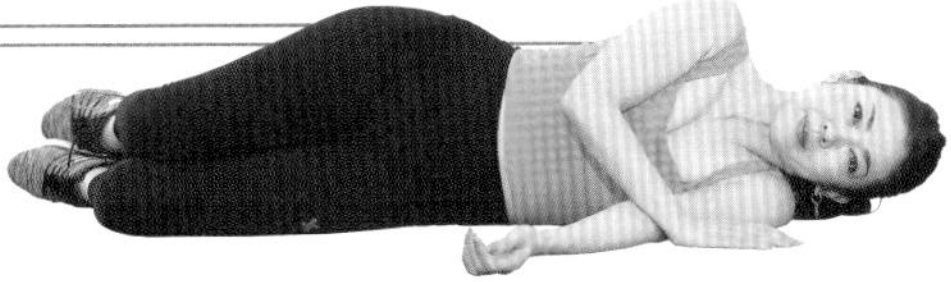

横向きに寝転がり、ひざを曲げます。

2 上側の手を胸の前に置き90度に曲げます

下側の手はわき腹に軽く置き、上側の手は胸の前に置いて肘を90度に曲げます。

3 息を吐きながら体を起こします

息を吐きながら上側の腕をまっすぐ伸ばして上半身を持ち上げます。

これはNG!

体を下ろすとき
手を離して肩から
落ちるような戻し方に
ならないように

これはNG!

体を起こすときに
下半身の力をつかって
起き上がらないように

4 息を吸いながらゆっくり下ろします

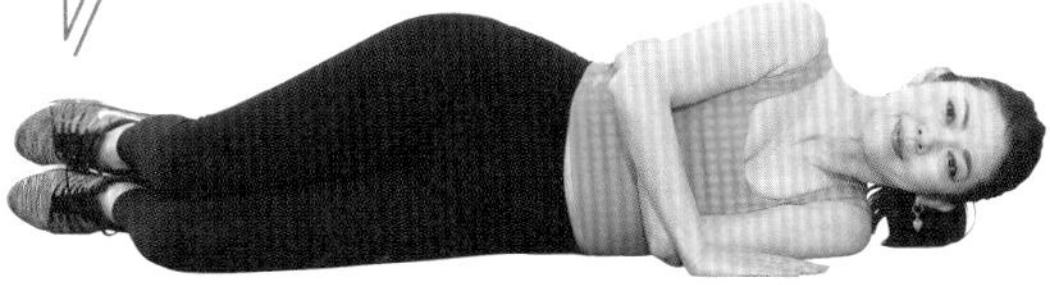

息を吸いながらゆっくり肘をまげて上半身を下ろします。❸～❹を繰り返し行います。

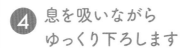

リバースハンドプッシュアップ

指先を外側に向けてバストを底上

TRY!

初級	10回×1セット
中級	10回×2セット
上級	20回×2セット
所要時間	約2分

【美ボディコラム】**糖質**

ダイエットをしているとよく聞く「糖質」ですが、糖質とは人体のエネルギー源となる栄養素で、脳の唯一の栄養源でもあります。体にとってとても大切な栄養素の一つですが、摂りすぎると脂肪を増やしてしまう原因にもなります。何事もバランスが大切ですね。

❶ 指先を外側に向けて手をつきます

ひざをついて、肩の真下の位置から手のひら1つ分外側に開き、指先を外側に向けます。

❷ 膝を曲げて上半身を下ろします

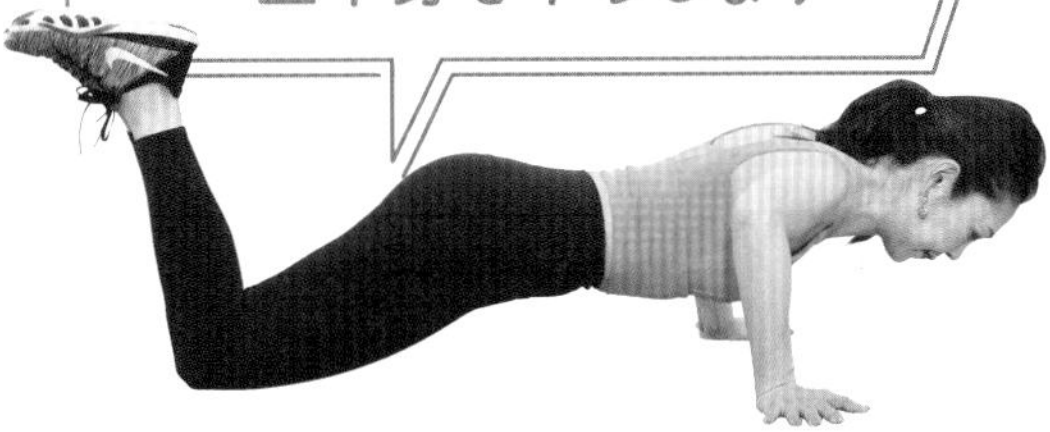

そのまま、息を吸いながら肘を曲げて下ろせるところまで下ろします。

❸ 肘は外に開くように曲げます

肘は外側に曲げましょう

これはNG!

腰がそって
おなかが下に
落ちないように

❹ 肘を伸ばします

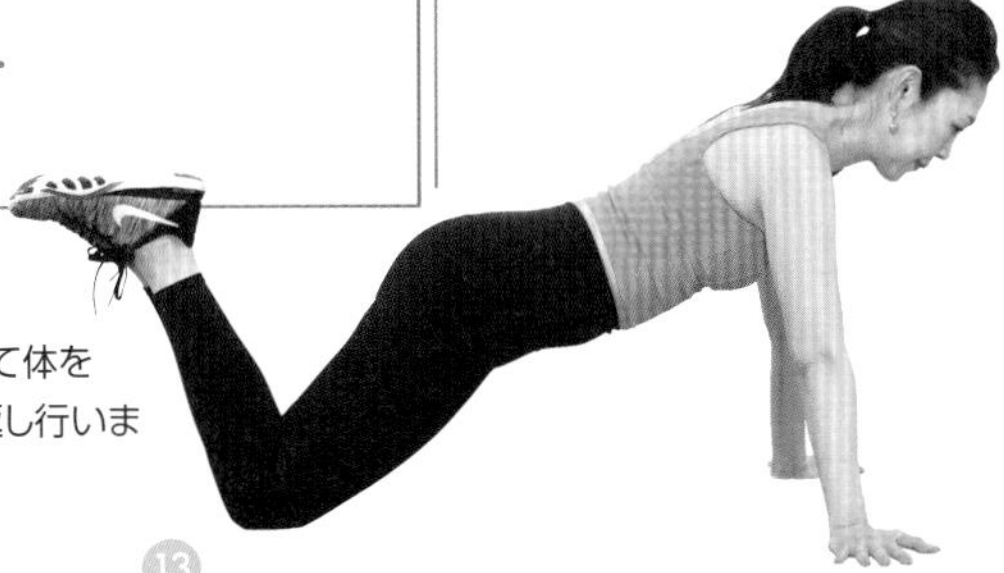

息を吐きながら肘を伸ばして体を起こします。❷～❹を繰り返し行います。

LUXLESS WORKOUT column

SHOKO TSUKAHARAの『美ボディトーク』①

―今回、大人女子向けのワークアウトを20種類厳選してお届けしておりますが、男性と女性では体つきも違いますし、どんな体形になりたいかっていうイメージも違いますよね。SHOKOさんは、女性らしい体づくりに大切なことってなんだと思われますか?

SHOKO:そうですね、あまり体重を落としすぎないというか、体重だけにとらわれ過ぎないということでしょうか。いつまでもキレイでいたいという想いはみなさん共通してお持ちだと思いますが、健康的であるということがやはり一番大事なので。ある程度の脂肪も、もちろん必要だし、だけど、やはり締めるところは締めるという、メリハリのある健康的なボディを目指すことが大切だと思います。

―どうしても体重を落とそう落とそうとして、食べないようにするとか、そういう話をよく聞きますよね。

SHOKO:そうすると栄養が偏るので、結局は健康になれずに、ただ体重だけ落ちてなんか細くなっても、例えばウエストのサイズがちょっと細くなったかもしれないけど、じゃあ、それが果たして健康であるかというのは、また別のことかなと思います。やっぱり、栄養をちゃんと摂ることと、しっかりとトレーニングで筋肉を付けるというところかな。筋肉って脂肪より重いので、トレーニングしている方は、同じ体重でも見た目はスッキリしていますしね。それで、女性らしいラインをつくっていくことが大事だと思いますね。

―なるほど。ただ痩せればいいというわけではなく。

SHOKO:若い子でも食事を極端に減らしたりすると痩せるんですけど、皮がたるむからしわが寄るんです。だから、すごく老けてみえちゃう。それも健康に悪い、不健康な痩せ方。

そういった、たるみやしわを防いでみずみずしい体とかをキープするためには、トレーニングをして、筋肉をある程度つけおくことは必須だと思います。

おなか痩せ4種

【くびれでメリハリ！ 脱うきわ脂肪】

- ●90度クランチ
- ●ニートゥーチェスト
- ●クロスクランチ
- ●レッグレイズ

90度クランチ

王道のクランチで腹筋を使う意識を掴もう

TRY!

- 初級　10回×2セット
- 中級　20回×2セット
- 上級　30回×2セット
- 所要時間　約3分

【美ボディコラム】腹筋を鍛える効果

腹筋は天然のコルセット！しっかり引き締めることで見た目の美しさはもちろん、腹筋が発達すると腸の蠕動運動も活発になるので便通もよくなりますよ♪

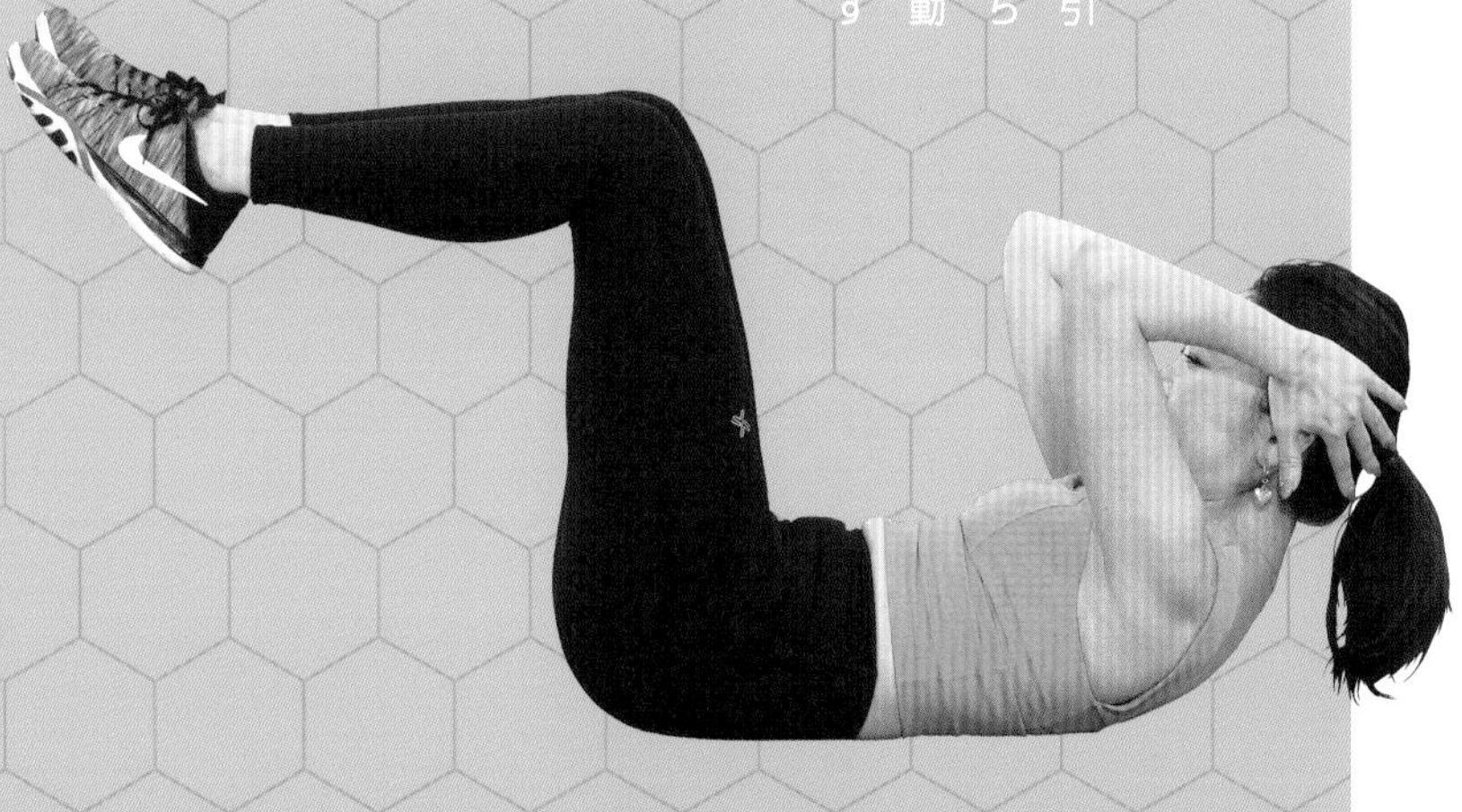

❶ 手を頭の後ろで組みます

仰向けになり、手を頭の後ろで組みます。

❷ 足を上げ膝を90度に曲げます

膝を90度に曲げて足を浮かせます。

❸ 息を吐きながら上体を起こします

これはNG!

膝の角度は90度
足の位置も低く
ならないように

おへそを覗き込むように息を吐きながら、上体を起こします。

❹ ゆっくり上体を戻します

息を吸いながら上体をゆっくり戻します。❸～❹を繰り返し行います。

ニートゥーチェスト

膝を伸ばすことで下腹引き締め力UP

TRY!

初級 10回×2セット

中級 20回×2セット

上級 30回×2セット

所要時間 約2分

【美ボディコラム】**イメージが大事**

なりたいスタイルや目標のボディがあると思いますが、トレーニング中に自分の目標の姿をイメージしながらトレーニングを行うと神経が活性化され筋トレの効果があがります。モチベーションもあがるので理想の姿をイメージしてトレーニングしましょう!

❶ 手を後ろにつきます

足を伸ばして床に座ります。
体の後ろで肩の下にくるように両手を床につけます。

❷ 足を床から離します

足を床から20cmほど浮かします。上半身は少し後ろに傾けます。

❸ 息を吐きながら膝を寄せます

これはNG!

一回、一回
足が床につかない
ようにしましょう

息を吐きながら両膝を揃えて曲げながら胸に引き寄せます。

❹ 息を吸いながら伸ばします

息を吸いながら、足をまっすぐ伸ばします。❸〜❹を繰り返し行います。

クロスクランチ

ウエストをひねる動作でくびれを手に入れる

TRY!

- 初級　10回×2セット
- 中級　20回×2セット
- 上級　30回×2セット
- 所要時間　約2分

【美ボディコラム】**基礎代謝とは？**

基礎代謝とは横になり、なにもしていなくても自然に消費されるカロリーのことです。基礎代謝が高ければ、自然に消費されるカロリーが多くなるということなので、痩せやすい体とも言えます。この基礎代謝を上げるには、筋トレで筋肉量を増やすことが最も効率的です。

❶ 両手を頭の後ろで組みます

仰向けになり、頭の後ろで手を組みます。

❷ 足を揃えて床から離します

両足を床から20cmほど離します。

❸ 対角の肘と膝を合わせます

息を吐いて対角線上の肘と膝を体の中央で合わせます。

これはNG!

足が高く上がらないように気をつけましょう

❹ 反対の肘と膝を合わせます

反対側の対角線上の肘と膝も同様に息を吐きながら体の中央であわせます。
❸〜❹を繰り返し行います。

レッグレイズ

足をギリギリまで下ろしてペタンコお腹を目指す

TRY!

初級　10回×1セット

中級　10回×2セット

上級　20回×2セット

所要時間　約2分

【美ボディコラム】たんぱく質の重要性

プロテインとは「たんぱく質」を表します。人間の体はほとんど水とたんぱく質でできており、筋肉はもちろん、皮膚や爪、髪など様々な部位を構成しています。たんぱく質は成人男性で1日60g、成人女性は1日50gもしくは、「体重1kgに対してたんぱく質1g」を目安に摂取するようにしてみてください。

① 仰向けになって足を伸ばします

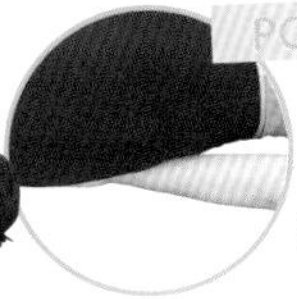

POINT!

仰向けになり、手はお尻の下に敷きます。

② 両足を上げます

両足を揃えて息を吐きながら股関節90度まで上げます。

③ 床スレスレまで下ろします

息を吸いながら床スレスレまで足を下ろします。

これはNG!

足を下ろすときに
腰がそらないよう
おなかに力を入れて

簡易版!

体の後ろで手をついて
上半身を起こしたまま
行いましょう

④ 両足を上げます

❷〜❸を繰り返し行います。

LUXLESS WORKOUT column

SHOKO TSUKAHARA の『美ボディトーク』②

― 下半身は太っても上半身とかは太らないタイプの方っていらっしゃると思います。どちらかというと、手首とか足首は細いというタイプ。若い頃はそれでもよかったかもしれませんが、やはり中年になってくると、上も太ってきて、手首とかも太くなって、下腹も出て……と悩みがつきなくなってしまうようです。

SHOKO：たしかに若い子とかを見ていると、体が横から見たら平べったいというか薄い感じがしますよね。でも中年になったら、もうそういうふうにならないものと思っていました。腰の上の脂肪って取れにくくなってきますよね。特に何も気を付けてなくても痩せているっていう痩せ型の方でも、加齢とともに何もしないで体型をキープするのが難しくなってくるというか。

逆に痩せていても、ハリがなくなるっていうのも気になります。細いけど、やつれているとか、垂れてきているとか、ハリがなくて緩んでだぶだぶ。特に二の腕とかなんか、細くてもプルプルになりますからね。

― けれど、トレーニングをすることでそういったハリを取り戻せる？

SHOKO：そうそう。さっき言った若い子の薄い体、あれがちゃんと私の世代でもトレーニングしたら取り戻せるんだなということを実感しました。ぜひ薄さを取り戻してもらいたいですね。

― 加齢に対して特に女性はすごくネガティブなイメージがあると思いますが。

SHOKO：もう基本、全然、怖くなくなりました。逆に楽しくなってきたかも（笑）。変化を実感していると、1年後にはもっときれいになっているんじゃないかみたいな気持ちになれます。一生のうちに、先にちょっと頑張ることで、そこから先を右肩上がりの人生にできるって思ったら、それがエンジンになりますからね。それを今はつくりましょうという感じですね。トレーニングはまさに一生もののエンジンづくりです。

せなか痩せ4種

【華奢見え効果大！　せなか美人】

●バードドッグ
●リバーススノーエンジェル
●エルボークロス
●ダイブ&スクィーズ

背筋を伸ばして左右のバランスを整える

バードドッグ

TRY!

初級	10回×2セット
中級	20回×2セット
上級	30回×2セット
所要時間	約5分

【美ボディコラム】**背筋を鍛える効果**

背筋の中でも脊柱起立筋と呼ばれる筋肉は姿勢筋ともいわれています。その筋肉をトレーニングしていくことで美しい姿勢になり、悪い姿勢が原因の肩こりや腰痛なども楽になる効果も期待できます。

1 四つんばいになります

2 右肘と左膝を体の中央で合わせます

対角線上の肘と膝を体の中央で息を吐きながら合わせます。

反対側は

3 右腕と左足を伸ばします

反対側は

息を吸いながら、肘と膝を伸ばします。

4 右肘と左膝を体の中央で合わせます

これはNG!

手足を伸ばすときに、猫背にならないようにしましょう

伸ばした手足をそのまま体の中央に引き寄せ、肘と膝をあわせて繰り返しおこないます。

肩周りの柔軟性UPでしなやかな体に

リバーススノーエンジェル

TRY!

初級	10回×1セット
中級	10回×2セット
上級	20回×2セット
所要時間	約2分

【美ボディコラム】**フォームの大切さ**
トレーニングをストイックに頑張っている方の中に、疲労が溜まってフォームがだんだんと乱れてしまっている方をよく見ます。フォームが崩れてしまうと、本来効かせたい部分にしっかり効かず効率が悪くなったり、怪我のリスクが高まったりしてしまうので正しいフォームを意識してトレーニングを頑張ってくださいね。

❶ 手を頭の後ろで組みます

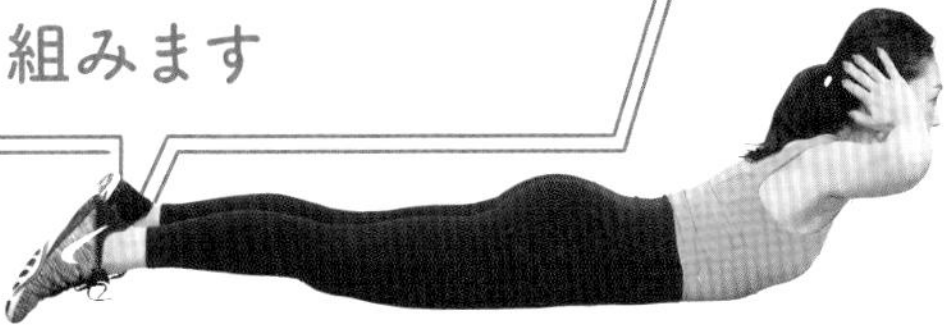

うつぶせになり、上体を上げ、手を頭の後ろで組みます。

❷ 両腕を伸ばしてお尻の方へ回します

両腕を伸ばして、半円を描きながらお尻の方へ引いていきます。

別角度

❸ そのまま背中で手を組みます

手のひらを上に返して、腰の上で手を重ねます。

別角度

これはNG!

床に額やあごがつかないように!

❹ 手を頭の後ろで組みます

腕を伸ばしながら頭のほうへ移動し、頭の後ろで組みます。
❷～❹を繰り返し行います。

簡易版!

腕は伸ばしたままで行いましょう

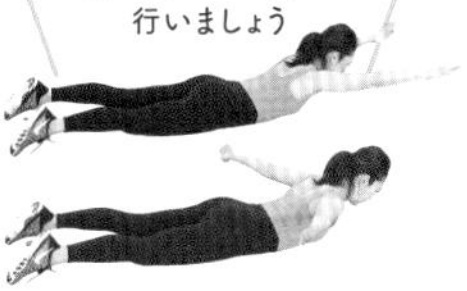

エルボークロス

肩甲骨を寄せて美しい姿勢の感覚を掴もう

TRY!

- 初級　10回×2セット
- 中級　20回×2セット
- 上級　30回×2セット
- 所要時間　約2分

【美ボディコラム】**超回復**

トレーニングによって損傷した筋繊維はしっかりとした休息をとることによって、元の筋肉よりも大きくなって回復していきます。これを「超回復」といい、トレーニング後48時間～72時間の休息をとることが効果的ともいわれています。頑張りすぎず、ほどほどに体を休めながらトレーニングしましょう。

❶ あぐらで座ります

❷ 肘を上げて顔の前でクロスします

腕を肩の高さに上げて顔の前で両腕をクロスします。

❸ 高さを一定に保ちながら肘を後ろに引きます

息を吐きながら、肘を後ろに引きます。

POINT!

胸を張って肘の高さを一定にします

❹ 腕を顔の前でクロスします

肩の高さをキープしながら両腕を顔の前に戻します。❷～❹を繰り返し行います。

これはNG!

猫背にならないように

これはNG!

肘の位置が肩の高さより低くならないように

背面全体を使って痩せスイッチを入れよう

ダイブ&スクィーズ

TRY!

初級　10回×2セット

中級　20回×2セット

上級　30回×2セット

所要時間　約2分

【美ボディコラム】**グルタミン**

筋トレでボディメイクを始める際にぜひ、積極的に取り入れてほしいのが「グルタミン」です。グルタミンとは体に一番多く存在するアミノ酸なのですが、ストレスや風邪、激しいトレーニングなどで大量に消費されてしまいます。グルタミンが不足すると、筋肉を分解してグルタミンを生成しようとするので、トレーニングを頑張っても筋肉が増えないなんてことに……。効率良く、健康的にボディメイクするためにもグルタミン摂取を心がけてみてくださいね。

❶ 腕を前に伸ばします

足を肩幅に開いて立ち、腕を前方に伸ばします。

❷ 体を前に倒します

腕は伸ばしたまま、体を前に倒します。

❸ 肘を曲げながら体を起こします

これはNG!

肩甲骨を意識!

これはNG!

肘を曲げて
体を起こすとき
胸を張って肩甲骨が
寄るように
意識しましょう

❹ 腕を前に伸ばします

これはNG!

体を倒すときに
猫背にならないように

また、腕を前に伸ばしながら体を倒し、❷〜❹を繰り返し行います。

LUXLESS WORKOUT column

SHOKO TSUKAHARA の『美ボディトーク』③

MENU
ボディメイクはすればするほど楽になる?!

―SHOKOさんは長年ダンスインストラクターをされていらっしゃるとのことですが、ダンスをずっと続けられていたからこそ、特段トレーニングを意識しなくても、体づくりというのが維持できていたと思うのですけども、逆にトレーニングを始められて実感した効果や、よかったことはありますか?

SHOKO:ダンスをするうえでも、体がぶれないというか、すごく動きやすいというか、芯がしっかりしている感じがしました。トレーニングする前はターンをするのが結構苦手だったんですけど、ターンが怖くなくなりました。あとはステップとか動くときの踏ん張りとかキレが良くなる。やっぱり筋肉があるときとないときでは全然違うので、「あ、筋肉ってだから必要なんだな」って、ある意味ダンスをしていたことで気づけました。だからダンスも楽になったし、歩くのも楽になって、「元気になった気がします。

―トレーニングは疲れちゃうとか、きついっていうイメージがあるかもしれませんが、やればやるほど楽になる?

SHOKO:そう、やればやるほど楽になる。トレーニングきついから嫌だって言う方もいらっしゃいますが、実は楽になるために、今後の人生が楽に過ごせるためにやるっていう側面があると思います。ボディラインがきれいになるので、テンションも上がりますしね。ただ街中を歩くだけでも、きれいな歩き方とか、姿勢を保つのって、やっぱり筋肉を使うことですけど、そういうきれいな姿勢を維持するのも楽になります。

―なるほど。ダンスやスポーツをするためというよりも、日常的に、楽に美しくあり続けるためには筋肉はあったほうがいいと。

SHOKO:そうです、そうです。以前はきれいな姿勢を保つために、背中も痛くなったり疲れちゃったりしていましたが、筋肉があると楽に立てるようになるから全然違いますね。だからこそ、ちょっとでも筋肉をつけておくことが楽に美しさを保つ秘訣なのかもしれないですね。

あし痩せ4種

【むくみ知らずの美脚革命&ヒップアップ】

- ●スクワット
- ●ランジ
- ●アダクション
- ●カーフレイズ

スクワット

ヒップを後ろに突き出すようにして綺麗なヒップラインをつくる

TRY!

初級 10回×2セット

中級 20回×2セット

上級 40回×2セット

所要時間 約3分

【美ボディコラム】下半身を鍛える効果

下半身には全身の6割以上の筋肉がついています。なので下半身を鍛えるということはすなわち、全身の基礎代謝をグッと底上げして、痩せBODYに大変身することを意味します！　下半身を鍛えるということはダイエットの1番の近道なんですね。

❶ 足を肩幅に開き 手を胸の前で合わせます

❷ 膝を曲げて 腰を落とします

息を吸いながら、お尻を後ろに突き出しながら太ももが床と平行になるまで、腰を落とします。

別角度

膝の向きとつま先の向きがそろう様にしましょう。

これはNG!

膝とつま先の向きがバラバラにならない様に

これはNG!

膝がつま先よりも前に出ないようにしましょう

簡易版!

イスを使ってスクワットしましょう! できるだけ、体重をのせないでやってみよう!

❸ 膝を 伸ばします

息を吐きながら、立ち上がります。
❷〜❸まで繰り返します。

ランジ

背筋を伸ばして太もものボリュームを抑える

TRY!

初級	10回×1セット
中級	10回×2セット
上級	20回×2セット
所要時間	約5分

【美ボディコラム】**ゴールデンタイム**

筋トレ直後〜1時間の間は「ゴールデンタイム」と呼ばれ、筋肉にたんぱく質が運ばれやすい時間となります。筋肉にアミノ酸が運ばれる量が通常の3倍も上がるので、トレーニング後は必ずプロテインでたんぱく質を摂取しましょう。

❶ 手を腰に当てます

足をそろえて、腰に手を当てます。

❷ 片足を前に出します

片方の足を大きく一歩前に出します。

❸ 両膝を90度に曲げます

そのまま、膝が90度になるまで腰を落とします。このとき、膝が床につかないようにしましょう。

これはNG!

体を前に倒さないように

これはNG!

膝がつま先よりも前に出ないように

簡易版!

足は前後に開いたまま移動せずにその場で腰を落とします。

❹ 前に出した足を後ろに引きます

前に出した足を大きく後ろに引いて、同じように膝を90度に曲げます。
❷〜❹まで繰り返し行います。

内ももを鍛えてO脚改善

アダクション

TRY!

初級	10回×2セット
中級	10回×2セット
上級	30回×2セット
所要時間	約4分

【美ボディコラム】**内ももは弱りやすい**

内ももには様々な筋肉がついていますが、日常生活では使われにくく弱くなりやすい部位です。筋力バランスも崩れやすくなり、太ももが太く見えてしまう原因にもなるので、トレーニングで積極的に鍛えていきましょう！

❶ 横向きに寝転がります

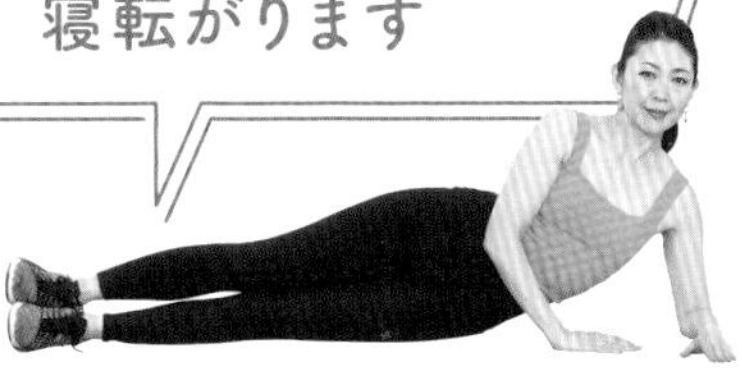

❷ 膝をたて、体の前に置きます

上側の足の膝を曲げて、
体の前に置きます。

❸ 下側の足を上に持ち上げます

下側の足を伸ばしたまま
持ち上げます。

❹ 床スレスレまで下ろします

❸〜❹を繰り返し行います。

これはNG!

勢いをつけて
足を上げないように!

簡易版!

手で足首をつかむことで
やりやすくなります

カーフレイズ

負荷を抜かないことでスッキリふくらはぎになる

TRY!

初級	10回×2セット
中級	20回×2セット
上級	50回×2セット
所要時間	約3分

【美ボディコラム】冷え対策にはふくらはぎ

ふくらはぎは第二の心臓とも言われています。動かしてあげることで血流が良くなり代謝もあがります。足先の冷えも解消されるので、女子には特にオススメです。

❶ 手を腰に当てます

足を肩幅に開いて、手を腰に当てます。

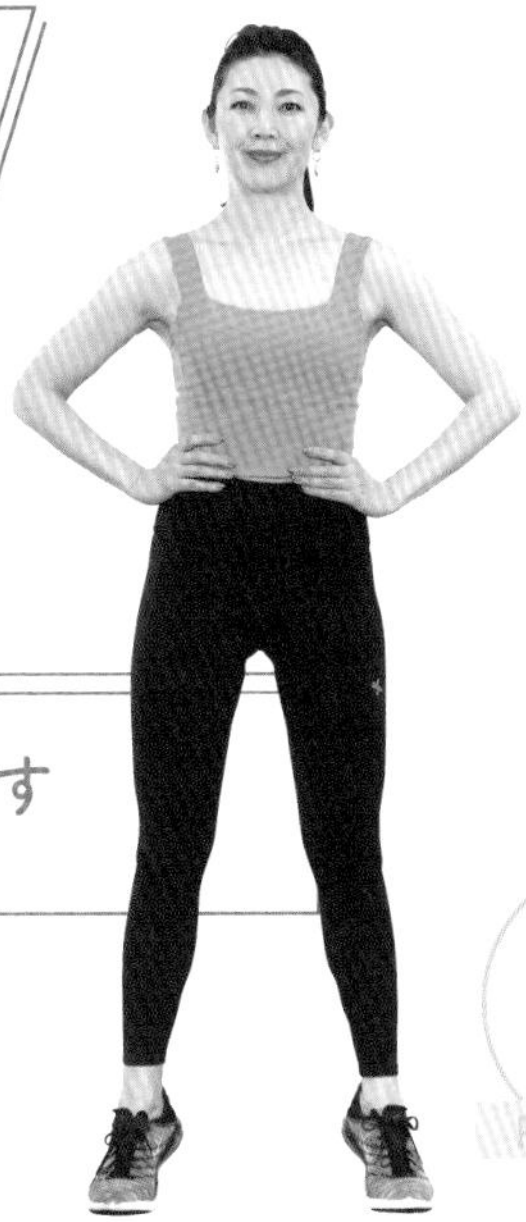

❷ つま先立ちになります

息を吐きながら、つま先立ちになります。

❸ 床スレスレまで踵を下ろします

息を吸いながら、床スレスレまでゆっくり踵を下ろしていきます。
❷〜❸を繰り返し行います。

POINT!

ふらつく場合は壁に手をついて行いましょう。

簡易版！

イスや机などに
手をついて行うと
バランスがとりやすく
簡単になります

これはNG!

膝とつま先の向きは
そろえましょう

これはNG!

踵が完全に床に
着かないように

LUXLESS WORKOUT column

SHOKO TSUKAHARA の『美ボディトーク』④

― ボディメイクに取り組んでから、何か精神的な面で変化というのは感じられましたか。

SHOKO：うーん、やっぱり自信がつくということでしょうか。ほかのスポーツなどと違って、運動神経が必要ないので、やればやるほど結果が目に見えてわかる。だから私でも、頑張ればできるんだって自信につながりましたね。トレーニングは裏切らないですから。

それと積極的に何でも挑戦するとか、トライするメンタルになれた気がします。次はこういうことに挑戦してみようかなとか、どんどん出てくる。体が思うように動かないと、まず前向きになりにくいし、諦めちゃう。「ああ、ちょっとしんどいからやめとこうかな」とか、「きついしな」ってなったらもったいないですよね。トレーニングで体力が底上げされて元気になると、いつまでも子どもの時のように、あれもしたい、これもしたいみたいな、いつまでも好奇心の赴くままに行動できる気がします。

― 体が元気になると、気持ちも行動も変わるのですね。トレーニングというのは、あくまでも手段というか、ただ、トレーニングをやらなきゃ、頑張らなきゃというよりは、きれいでありたいとかっていう、その考え方の整理のほうが大事なのかもしれないですね。

SHOKO：そうそう。そうすると、勝手にトレーニングを続けちゃうというか、続くようになっていくし、もう楽しくなっちゃう（笑）。それとやっぱり鍛えると、ちょっと腕見せてみようとか、ちょっとウエスト締まった服着てみようとかそういう気持ちになって、選択肢が増えるんですよね。そうするとテンションも上がるし、外に出て人に会いたいなって思うようにもなるし、前向きな会話をすることも多くなって、コミュニケーションの質も上がると思います。トレーニングすることで体の制限も外せるし、心も前向きになるし、子どもの頃の好奇心をそのままもって歳を重ねられるようになったことは、とても大きな変化だと実感していますね。

お尻痩せ4種

【桃尻ヒップメイク！
丸みヒップでパンツスタイルを着こなす】

- ●ヒップリフト
- ●ファイヤハイドラント
- ●ドンキーキック
- ●レッグウィンドミル

ヒップリフト

ヒップ全体を使ってお尻の位置を上げる

TRY!

初級 10回×2セット

中級 20回×2セット

上級 30回×2セット

所要時間 約3分

【美ボディコラム】**お尻を鍛える効果**

年齢とともに下がってしまい、どんどんと扁平な形になってしまうヒップ。トレーニングすることで、ヒップに丸みがでてきて位置も高くなります。裏ももとヒップの境目がハッキリするので脚長効果も期待できますよ。

❶ 膝を立てて仰向けになります

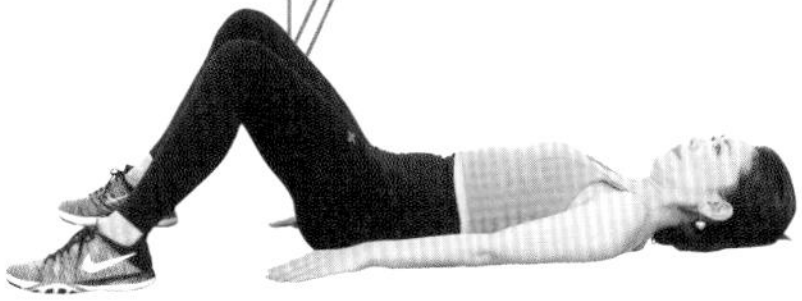

❷ お尻を持ち上げます

息を吐きながらお尻を持ち上げて、膝から肩まで一直線にします。

POINT!

膝とつま先の幅は合わせます

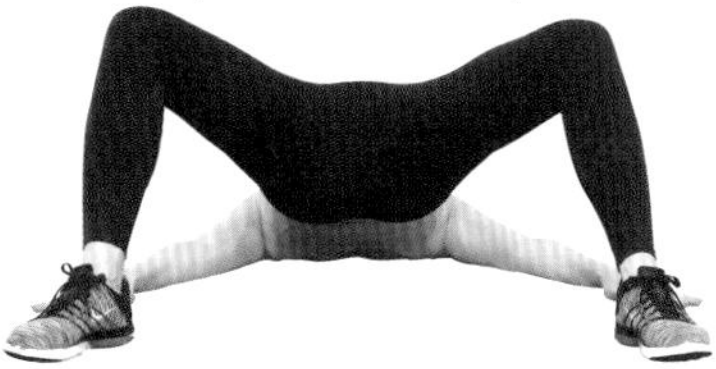

これはNG!

膝とつま先の幅が変わらないように

❸ 床スレスレまでお尻を下ろします

息を吸いながら床スレスレまでお尻を下ろします。
❷〜❸を繰り返し行います。

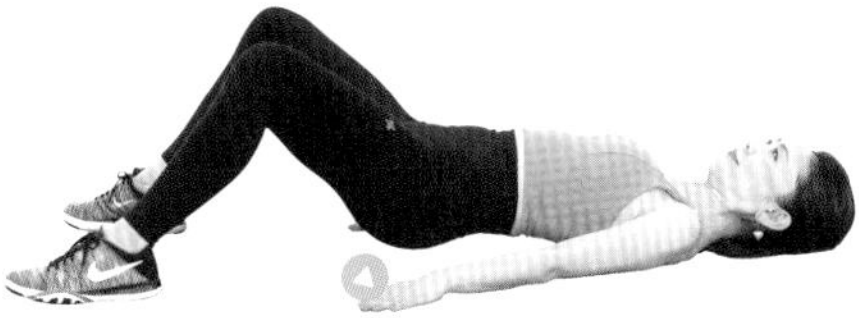

これはNG!

踵が浮かないようにしましょう

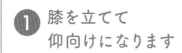

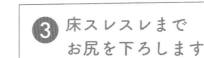

お尻の横を鍛えて丸いヒップラインを作ろう

ファイヤハイドラント

TRY!

初級　10回×2セット

中級　20回×2セット

上級　30回×2セット

所要時間　約5分

【美ボディコラム】**体温を上げる**

トレーニングで筋肉量が増えることによって、体温が上がります。体温が1℃上がると、免疫力が5～6倍になるともいわれており、病気やストレスに負けない強い体を手に入れることができます。

❶ 床に四つん這いになります

❷ 足を高く後ろに蹴り上げます

❸ 元の位置に戻しながら…

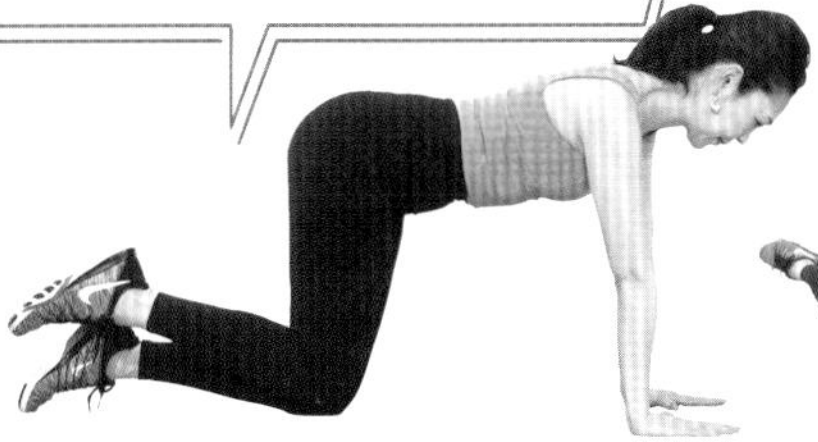

膝を曲げながら、元の位置に戻します。

❹ 膝を曲げたまま真横に上げます

これはNG!

上半身も一緒に
開かないように注意!

片足ずつ連続で
❷〜❹を繰り返します。

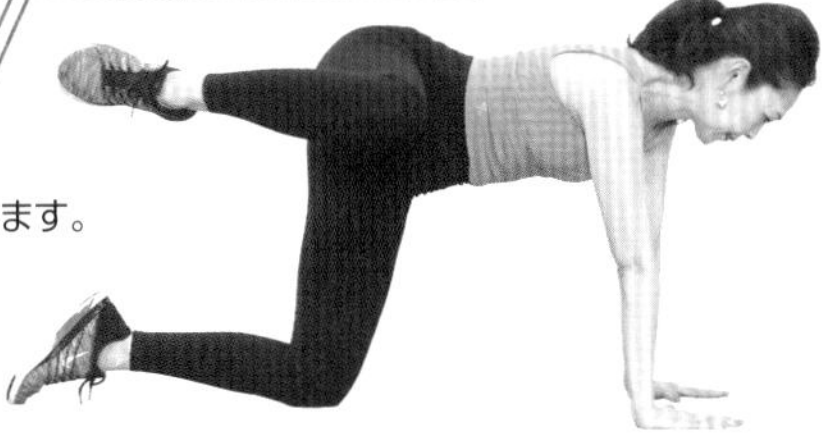

ヒップと裏ももの境目をはっきりさせる

ドンキーキック

TRY!

初級　10回×2セット

中級　20回×2セット

上級　50回×2セット

所要時間　約4分

【美ボディコラム】**脂質**

3大栄養素のひとつである「脂質」。脂はカロリーが高く、太りやすいイメージがあるため、摂取を控えるようにしている方も多いのではないでしょうか? 実は青魚やアーモンドなどに含まれる脂質は血中の悪玉コレステロールを減らしてくれたり、代謝を高めてくれたりとダイエット向きなんです。脂の種類と量に気をつけてバランスの良い食事をとってくださいね。

❶ 四つん這いになります

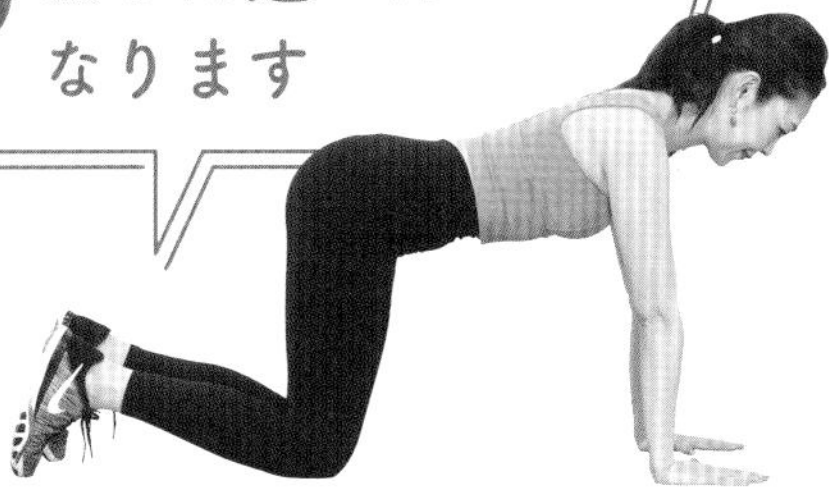

❷ 膝を曲げたまま足を上げます

これはNG!

足を蹴り上げすぎて
腰をそらし過ぎない
ようにしましょう

❸ 元の位置に戻します

片足ずつ連続で❷から❸を繰り返します。

POINT

股関節がまっすぐに
なるまで上げましょう

レッグウィンドミル

股関節の可動域を広げて内側から燃焼させる

TRY!

初級　10回×2セット

中級　20回×2セット

上級　30回×2セット

所要時間　約4分

【美ボディコラム】**睡眠の大切さ**

ストレスや運動不足などで寝つきが悪かったり、睡眠が浅くなったりしていませんか？運動を行うことで睡眠が深くなりやすく、頭や体の疲れがとれやすくなります。また、しっかりと睡眠時間を確保することで、トレーニング後の筋肉の回復も効率良く行われますよ。

❶ 片足をまっすぐに伸ばします

四つん這いの姿勢から、片足だけ後ろにまっすぐ伸ばします。

❷ お尻の力で足を高く上げます

そのまま足を高く持ち上げます。

❸ 山を描くように動かします

足を体の反対側に交差して、つま先が床に軽く触れるまで下ろします。

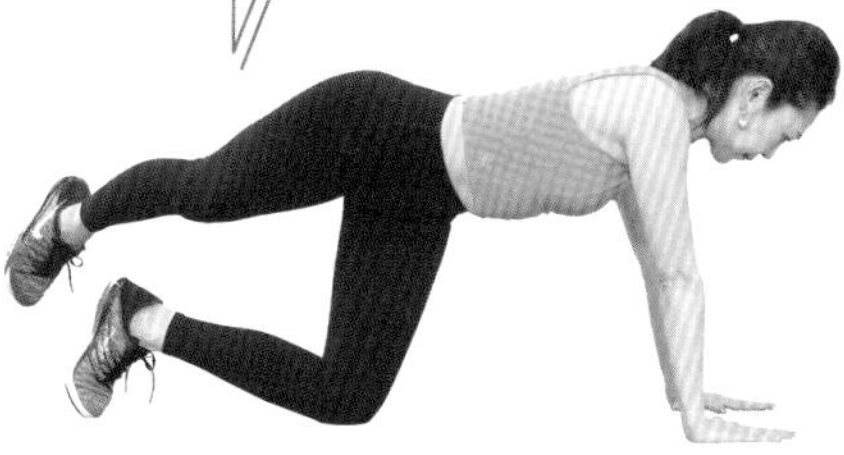

❹ 足を高く上げます

もう一度、足を高く上げてから、
元の位置に戻します。
片足ずつ連続で❷～❹まで繰り返します。

これはNG!

足を勢いよく
蹴り上げないように

LUXLESS WORKOUT column

SHOKO TSUKAHARAの『美ボディトーク』⑤

MENU
いつまでも
きれいでいる
ための秘訣

—SHOKOさんはダンスインストラクターのほかにも、美の伝道師として多方面で活躍されていらっしゃいますが、いつまでもきれいでいるために、心がけていることなどありますか？

SHOKO：やっぱり周りから、「きれいですね、素敵ですね」って言われると、そうなるっていうじゃないですか。ということは、そう言われる回数を増やそうというふうに思うのもいいかもしれないと思っています。じゃあ、今日5回「かわいいね」って言われるようにしようとか。そしたら、まず5人の人に会わなきゃいけないわけですよね。そしたら、自分が「かわいい」とか、「素敵ですね」って思われるためには、メイクとか髪型とか、今日何着ていこうかなとか、「素敵だね」って言ってくれそうな人に会うとか、そういう目標に対する積み重ねをしていくことって面白いなと思います。

あとは、逆に言うと、自分がそういう人に会ったら、「素敵ですね」って言うことですね。すると、「あなたも素敵ですよね」って言ってもらえるじゃないですか。そしたら、そこでコミュニケーションの質も上がる。自分がきれいになることって、一石何鳥にもなると言えるかなって思っています。

—なるほど。たしかに、きれいになれたら人に会いたいという気持ちにもなれますし、「きれいだね」って言ってくれる人には会いたくなりますね。

SHOKO：そう、人に会いたくなるのはありますね。これが、今日なにかイケてないとか、テンションが落ちていたらやっぱり会いたくないですから。服とかも体が引き締まると、着たい服の選択肢が広がって「あれも着たい、これも着たい」って楽しいから、それで外に出たくなったりしますしね。

組み合わせトレーニング

■目標期間別！ダイエットプログラムコース
■目標スタイル別！ボディメイクコース
■目標体質改善別！お悩み解消コース

目標期間別！

ダイエットプログラムコース

チャレンジ！2週間コース

1日目 腹筋集中で ぽっこりおなか解消！

- ▶90度クランチ P16
- ▶クロスクランチ P20
- ▶レッグレイズ P22

3日目 下半身集中で 筋肉量をUP！

- ▶スクワット P36
- ▶ランジ P38
- ▶ヒップリフト P46

5日目 むねを中心に おなかも引き締めて！

- ▶ヒンドゥープッシュアップ P06
- ▶サイドプッシュアップ P10
- ▶ニートゥーチェスト P18

自分のレベルに合わせて各トレーニングレベルの
回数とセット数で行いましょう

7日目 せなかとヒップで後姿に自信をつける!

- バードドッグ P26
- エルボークロス P30
- ファイヤハイドラント P48

9日目 あし全体をバランス良く引き締める!

- スクワット P36
- アダクション P40
- カーフレイズ P42

11日目 おなかとむねを鍛えてバストアップ!

- リバースハンドプッシュアップ P12
- クロスクランチ P20
- レッグレイズ P22

13日目 まん丸ヒップでパンツスタイルもかっこよく!

- リバーススノーエンジェル P28
- ドンキーキック P50
- レッグウィンドミル P52

目標期間別!

ダイエットプログラムコース

短期!追い込み1週間コース

1〜2日目

2日間は
全体的に鍛えて
体力をつける!

- リバースハンドプッシュアップ P12
- ニートゥーチェスト P18
- レッグレイズ P22
- バードドッグ P26

3日目

3日目は下半身集中!
基礎代謝をグーンと
あげる!

- スクワット P36
- ランジ P38
- アダクション P40
- ファイヤハイドラント P48

5日目

4日目は体を休めて
5日目はせなかをメインに
鍛えて脂肪を燃やす!

- クロスクランチ P20
- リバーススノーエンジェル P28
- ダイブ&スクィーズ P32
- ヒップリフト P46

7日目

6日目は体を休めて
7日目は腹筋&
下半身で仕上げる!

- 90度クランチ P16
- スクワット P36
- ランジ P38
- ドンキーキック P50

組み合わせトレーニング

自分のレベルに合わせて各トレーニングレベルの
回数とセット数で行いましょう

長期！習慣化する1ヶ月コース

一日おきにトレーニング！

1週目 1週目は基礎体力つくり！

- リバースハンドプッシュアップ P12
- 90度クランチ P16
- エルボークロス P30
- スクワット P36
- ヒップリフト P46

2週目 2週目から筋肉を増やしていく！

- プッシュアップアームリーチ P08
- ニートゥーチェスト P18
- バードドッグ P26
- アダクション P40
- ドンキーキック P50

3週目 慣れてきた体に刺激をいれる！

- サイドプッシュアップ P10
- レッグレイズ P22
- ダイブ&スクィーズ P32
- カーフレイズ P42
- レッグウィンドミル P52

4週目 最後の週は追い込んで！

- ヒンドゥープッシュアップ P06
- クロスクランチ P20
- リバーススノーエンジェル P28
- ランジ P38
- ファイヤハイドランド P48

目標スタイル別

ボディメイクコース

メリハリボディが魅力のくびれ美人

ほっそり引き締まった脚長美人

S字スタイルで姿勢美人

組み合わせトレーニング

自分のレベルに合わせて各トレーニングレベルの
回数とセット数で行いましょう

S字スタイルで姿勢美人

せなかメインで天使の羽を手に入れる!
おなかとヒップを鍛えることで、姿勢が安定します。

▶ ニートゥーチェスト P18

▶ バードドッグ P26

▶ リバーススノーエンジェル P28

▶ ダイブ&スクィーズ P32

▶ ヒップリフト P46

ほっそり引き締まった脚長美人

裏ももと内ももを引き締めてほっそり
太もも&ヒップが上がって脚長効果大!

▶スクワット P36

▶ランジ P38

▶アダクション P40

▶ヒップリフト P46

▶ドンキーキック P50

組み合わせトレーニング

自分のレベルに合わせて各トレーニングレベルの
回数とセット数で行いましょう

メリハリボディが魅力のくびれ美人

ウエストを引き締めて、ヒップも鍛えることで
メリハリが出来てくびれが目立つ！

▶90度クランチ P16

▶クロスクランチ P20

▶レッグレイズ P22

▶ヒップリフト P46

▶ファイヤハイドラント P48

目標体質改善別！

お悩み解消コース

便秘・むくみ溜め込み解消

ずっしり重たい腰痛解消

カチカチ肩こり解消

組み合わせトレーニング

自分のレベルに合わせて各トレーニングレベルの回数とセット数で行いましょう

カチカチ肩こり解消

肩甲骨を無理なく動かして、
こりを解消していきましょう!

▶ヒンドゥープッシュアップ P06

▶プッシュアップアームリーチ P08

▶リバーススノーエンジェル P28

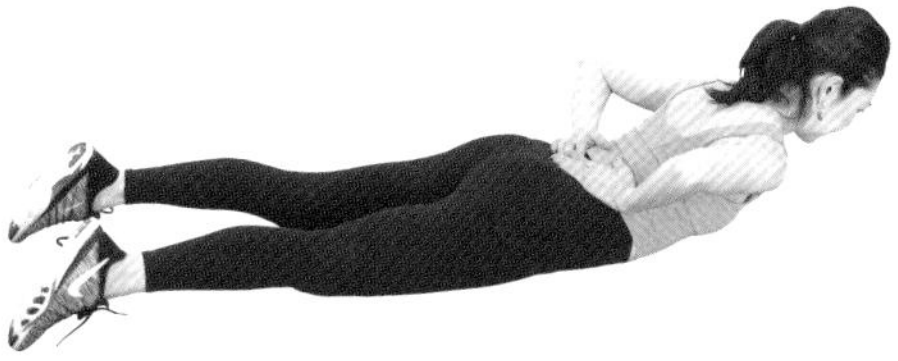

▶ダイブ&スクィーズ P32

▶エルボークロス P30

ずっしり重たい腰痛解消

体の前後のバランスを整えて、安定した姿勢を手に入れ
腰痛を改善していきましょう!

▶ 90度クランチ P16

▶ ニートゥーチェスト P18

▶ バードドッグ P26

▶ ヒップリフト P46

▶ ドンキーキック P50

便秘・むくみ溜め込み解消

便秘やむくみ・冷え性など溜め込み気味なときは
筋肉ポンプを動かして流れを良くしましょう!

▶ 90度クランチ P16

▶ クロスクランチ P20

▶ バードドッグ P26

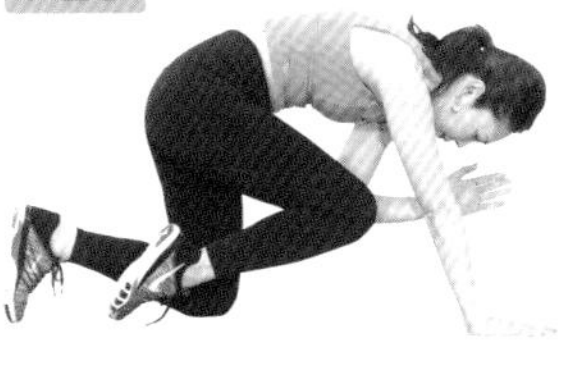

▶ カーフレイズ P42

▶ スクワット P36

〈編 著〉ホットスリムスタジオ

女性専門ダイエットジムとして、
「楽して、早く、痩せる」をモットーに全国展開中。

〒190-0012
東京都立川市曙町2-14-19
シュールビル3F
☎042-512-9946

〈編 著〉塚原祥子 SHOKO TSUKAHARA

写 真 | MOTION HERE'S/梅田 和矢
デザイン | 川上夏子(クワズイモデザインルーム)

世《せ》界《かい》一《いち》簡《かん》単《たん》な美《び》ボディメイク
ラグレス・ワークアウト

令和3年9月30日 初版発行

編 著 ホットスリムスタジオ/塚原祥子
発行者 田村 志朗
発行所 ㈱梓 書 院
〒812-0044 福岡市博多区千代3-2-1 麻生ハウス3F
tel 092-643-7075 fax 092-643-7095
印刷製本 亜 細 亜 印 刷 ㈱

ISBN978-4-87035-724-2